AD MAXIMAM DEI GLORIAM

COMME QUOI LES JÉSUITES

POURRAIENT BIEN

NE PAS DESCENDRE DU SINGE

Par D'ESTOC.

AVIS A DARWIN

« VADE, SATANA. »

PRIX : 60 centimes

PARIS

LIBRAIRIE ANTI-CLÉRICALE, RUE DES ÉCOLES, 33 ET 35

1880

BIBLIOTHÈQUE ANTI-CLÉRICALE

AD MAXIMAM DEI GLORIAM

COMME QUOI LES JÉSUITES

POURRAIENT BIEN

NE PAS DESCENDRE DU SINGE

Par D'ESTOC.

AVIS A DARWIN

« Vade, Satana. »

PRIX : 60 centimes

42989

PARIS

LIBRAIRIE ANTI-CLÉRICALE, RUE DES ÉCOLES, 33 ET 35

1880

PRÉFACE

L'auteur de ces vers se plaisait à espérer, au 30 Juin, que l'action du Gouvernement purgerait la France de cette Société anti-sociale des Jésuites. Serions-nous donc condamnés à voir toujours et quand même ces ignobles harpies accrochées à nos flancs? et faudra-t-il que l'insuffisance de la loi nous arrache, comme à M. Dumas fils, ce mot farouche : « Tue-là ! »

Le 31 Août 1880.

D'ESTOC.

COMME QUOI LES JÉSUITES

POURRAIENT BIEN

NE PAS DESCENDRE DU SINGE

AVIS A DARWIN

> « VADE, SATANA. »
> (*Ev. S. Matth.*, chap. IV, v. 10.)

D'Ormuzd (1) et d'Ahriman (2) c'est bien la vieille histoire,
Sur les pas du progrès toujours la bête noire :
L'homme de bien gémit, Prométhée (3) est aux fers,
Les clameurs des méchants font retentir les airs,
Jésus suivra Socrate (4). O Dieu ! l'esprit immonde
Te dispute toujours l'empire sur le monde.

Le diable un jour pourtant se sentit défaillir,
Tant le Nazaréen lui taillait de croupières !

(1 et 2). Ormuzd, principe du bien et de la lumière ; Ahriman, principe du mal et des ténèbres, selon la religion des anciens Perses conservée dans les livres de Zoroastre.

(3) Prométhée enchaîné sur le Caucase, selon la Fable, pour avoir dérobé le feu du ciel, c'est-à-dire donné l'essor à l'intelligence humaine.

(4) Socrate, accusé d'impiété par les conservateurs d'alors, et condamné à boire la cigue, en l'an 400 avant J.-C.

Il dut battre en retraite, et pour se recueillir,
Au manoir d'Epicure (1) appuyer ses derrières.
Mais mal en prit aux siens ; car le soyeux troupeau,
Amoureux de la fange, osa jeter à l'eau
Cent diablotins d'un coup ; croyez-en l'Evangile (2),
Belzébuth même en eut un grand débord de bile.

Frémissant et confus, le prince des démons
Jura qu'il pousserait plus haut ses légions :
« Jéhovah, cria-t-il, a-t-il donc cru m'abattre ?
« Eh bien, non ! par l'Enfer !!! Désormais pour le battre,
« Je veux jusqu'en son camp débaucher ses soldats,
« Au sein de son Eglise établir mes Etats.
« L'univers est son temple ! et l'encens jusqu'au dôme
« Y fumerait toujours ! J'en jure par Sodome !
« Et moines, et prélats, et vierges, et puceaux
« Sous le joug de ma loi courberont ventre et dos ! »

Il rugit ; et dès lors, furieux cataclysme,
Sur le monde chrétien s'abat le fanatisme ;
Et de cerveaux troublés se peuplent les déserts.
On voit partout surgir les sombres monastères :
Comme un soupir de mort les vœux des solitaires
Poussent en gémissant leurs lugubres concerts ;
Et le monde affolé, dans cet effondrement,
Partout ne prend plus goût qu'aux airs d'enterrement.
Maints esprits timorés, sevrés de tous les charmes,
Des soucis d'outre-tombe augmentent leurs alarmes.
La terre n'est plus rien, et vivre en abrutis
Paraît le moyen sûr d'aller en Paradis.

(1) On appelait pourceaux d'Epicure (*Epicuri de greg⁰ porcus*) ceux qui, dénaturant la doctrine du maître, substituaient aux plaisirs purs et intellectuels les voluptés des sens.
(2) Ev. S. Luc, chap. VIII. versets de 27 à 34.

Le célibat menteur met l'Enfer en goguette ;
Car qui veut faire l'ange, on l'a dit, fait la bête.
On ne le vit que trop. Combien d'hallucinés
Dans sa chute entraîna la raison dévoyée
De ces monstres d'erreur, mystiques effrénés !
Abime où s'engloutit la vertu fourvoyée.
Quelle est donc la harpie attachée à leur flanc ?
O temps ! ô mœurs ! Qui sait quelles scènes nocturnes
De tous ces dépravés sans nom brûlaient le sang,
Et rongeaient jusqu'aux os ces hiboux taciturnes !
Dieu fait bien ce qu'il fait : homme, plante, animaux,
Tout d'un sexe est doté ; la poule fait sa ponte ;
La graine par milliers produit des fruits nouveaux ;
La vierge est pour l'époux, le cloître pour la honte.
On l'avait oublié ; mais l'incube (1) lutin,
En vengeur de l'amour, harponne son abbesse,
Et le moine impudique au succube (2) qu'il presse
Verse son âme en feu, puis n'est plus qu'un crétin.
Que de nonnes alors, haletantes, pâmées,
Sur leur lit bondissaient de désirs consumées,
Et couraient le matin s'en plaindre au confesseur !
« Priez, femme, priez, disait la voix pieuse ;
« Allez, ne pleurez plus sur le vide du cœur,
« Un Dieu fait chair vous aime, et, pour vous rendre
« Il viendra dès ce soir, en toute nudité,   [heureuse,
« Demander au sommeil votre virginité.
« Je vois l'ange déjà vous couvrant de son aile ;
« Votre âme, offerte à Dieu, n'en sera que plus belle ;
« Faites-lui bon accueil, et vous le reverrez. »

Seule enfin sur sa couche et les sens égarés,
La vierge folle à peine avait clos la paupière

(1 et 2). Incube, succube ; formes d'homme ou de femme que prenait
le démon de l'impureté, selon l'opinion commune au moyen âge.

Qu'elle voyait déjà, par un trou du plafond,
L'objet de son doux rêve, ainsi qu'un fil à plomb,
Exprès du haut des cieux descendre à sa prière,
Pour verser à son cœur cette ivresse à pleins bords !...
Dieu l'avait donc permis !... En proie aux fous transports
D'une lubricité qu'on dorait d'innocence,
Combien crurent presser sur leurs seins frémissants
Jésus, l'époux si chaste, aux attraits si puissants,
Qui daignait faire ainsi goûter la pénitence !
« Ces baisers, brâmait-elle, à la nonne interdits,
« Il va donc m'en combler, anges du Paradis !
« A sa fidèle amante en amant il se donne ! »
Et la sainte, lascive, a frémi dans sa chair,
Ardente, inassouvie ; et son flanc en résonne.
La nature est vengée : « O mon bien le plus cher,
« Dit-elle éperdûment, de ton humble servante
« Jouis, jouis encore, et fais-la plus fervente.
« Dans tes bras qu'on m'enchaîne, ivre de volupté ;
« Emporte-moi, mon Dieu, dans ton éternité. »
Et c'était, pauvre fille, — oserai-je le dire ? —
Non pas un hidalgo fier et brûlant d'amour,
Mais un moine puant comme un bouc, un satyre !
Et combien de batards alors virent le jour,
Sans cœur, pétris de fange et monstres à tout faire !
Que de sombres horreurs, ô couvents trop vantés,
Dont le ciel eût rougi, se déroulaient sous terre,
Dans vos noirs corridors, pleins de frocs éhontés !

La voilà donc, grand Dieu ! la bestiale engeance
Qui trop longtemps, hélas ! pourra faire marcher,
Avec papes et rois, et l'Espagne et la France,
Torturer à merci, jeter l'homme au bûcher !
— « Essayez mon rasoir, » leur eût dit Origène (1). —

(1) On sait qu'Origène s'était mutilé par prudence.

Quand on vend l'indulgence, est-ce la chair qui gêne ?
De ces paillards en rut le lubrique fretin,
Sur les pas de l'honneur où la vertu chemine,
Partout, comme une poix, s'attache au genre humain.
Salit, grouille, hideux comme un tas de vermine.
L'ethnographe sait trop qu'au sang des nations
S'infusa le virus des monstres moinillons ;
C'était comme un pollen (1) dans l'air que l'on respire ;
Et le mal, déjà grand, devait être encor pire.
L'inceste est consommé : du sceptre, amant brutal,
La tiare a conçu ; l'embryon clérical
Est gros d'ogres affreux. Détresse universelle !
L'hydre prostituée, après gestation,
Hors de ses flancs pourris met l'Inquisition.
Tu le sais, Galilée (2), et toi, pauvre Pucelle !

Pour la gloire de Dieu, dans cet âge de fer,
Mille bûchers ardents, tribunaux lamentables,
Au monde consterné jetaient comme un enfer,
Pour éclairer la mort, leurs feux abominables.
Brûliez-vous pour Moloch (3), holocaustes humains,
Quand en noirs tourbillons votre fumée épaisse
Roulait comme un encens sa chaude odeur de graisse ?
Non ; les lutrins beuglaient : « Gloire à Dieu ! gloire aux
Et le moine béat, qu'alourdit l'indolence,   [Saints ! »
Savourait sa pâture et, d'un air hébété,
Grommelait, l'œil au ciel, les deux mains sur la panse :
« *Te Deum laudamus !* ou *Benedicite !*
Et sur le chevalet cent victimes tendues
Sentaient craquer leurs os dans leurs chairs contondues :

(1) Pollen, poussière fécondante des végétaux.
(2) Galilée, condamné par l'Inquisition pour avoir soutenu que la
terre tourne.
(3) Moloch, dieu des Phéniciens, auquel on sacrifiait des victimes
humaines.

« Sus à Raymond, Montfort ! » et Toulouse fumait :
Et, les pieds dans le sang, on égorgeait en masse,
Sans excepter les bons à qui l'on devait grâce,
Et l'auguste légat en héros s'escrimait :
« Tuez, tuez toujours ! — Il était dans l'ivresse. —
« Soldats, que craignez-vous ? Dieu les distinguera.
« Hérétiques ou non, pas un n'échappera. »
Le Capitole saint tressaillit d'allégresse,
Et du Dieu du Calvaire un vicaire entonna,
Comme un tigre accroupi sur sa proie : « Hosanna ! »
La fureur orthodoxe attisait sans relâche
Les feux de sa fournaise, et quiconque pensait,
Au bruit de l'*Oremus* saintement rôtissait ;
Et les dominicains s'animaient à la tâche.
Puis, tenant lupanar (1) au sein du Vatican,
Un souverain pontife embauchait cent donzelles
Qu'il lui fallait à nu voir danser le cancan,
Et faisait de sa fille une de ses femelles ;
Cependant qu'à l'envi les cousins Borgia,
Tyrans libidineux, débauchés sans vergogne,
D'une voix de vautour assouvi de charogne,
Comme des possédés criaient : « Alleluia ! »

L'Eglise est dans l'orgie, et Rome délirante
Bondit dans ses palais ainsi qu'une bacchante.
Mais on voyait pourtant et Luther et Calvin,
Frémissant sous le joug, de leur libre examen
Au concile de Trente opposer la doctrine.
L'opinion s'agite : en vain Rome fulmine,
Et Charles-Quint accourt pour prendre en main son sort.
— Affranchir la pensée ! On veut donc notre mort !
Miaulait le César. — Un enfant de l'Espagne.

(1) Maison de débauche.

Du fond de sa retraite a crié : « Halte-là ! »
Autre tactique alors : pour mener la campagne,
L'Enfer, qui se ravise, a vomi Loyola :
« C'est l'esprit, se dit-il, qu'il faut vaincre et séduire ;
« Oui, j'aurai mes soldats, que je prétends réduire
« Comme un bâton en main ; pauvres, nus comme un ver,
« N'ayant de volonté que mon âme de fer ;
« Et moi, leur général, d'humilité profonde,
« En dépit des puissants, je soumettrai le monde. »
Et sur tout l'univers il jette ses filets :
Les peuples et les rois, les maîtres, les valets,
Tous du fascinateur ont subi l'influence.
Par le père et la mère il s'assure l'enfance.
En conseil clandestin il a tout discuté ;
Tout subira l'arrêt de sa Société.
S'il sermonne le pauvre, il cajole le riche,
Capte les testaments, du ciel ouvre la niche.
Les trônes, les pouvoirs, la chaire, le barreau,
Trafic, sacrements, tout tombe dans le panneau.
Et l'héritière en Dieu des profanes amantes,
Aux bras d'un ramolli rayait l'édit de Nantes.
Les cafards, pour tuer d'un coup les protestants,
O France, t'arrachaient tes plus nobles enfants !
Bientôt c'est la vertu qui paraît indécente ;
Le vice coule à flots sur la gloire expirante,
Lui taillant, Parc-aux-Cerfs, son linceul Pompadour.
Que tes fils, Loyola, confessaient bien la cour !
Et les papes, de peur, avalaient ta couleuvre,
Briarée (1) aux cent bras, inéluctable pieuvre,
Dont la tête est au centre et les mains sont partout,
A plat ventre toujours, pourtant toujours debout !

(1) Géant de la Fable à cent bras et cinquante têtes, qui se révolta
d'abord contre Jupiter et lui prêta ensuite son concours contre les
Titans.

Rome enfin triomphait, ce n'était plus un songe :
Autour d'elle ondulait comme un flot d'éteignoirs,
Et les peuples, bêlant, suivaient leurs boucs tout noirs,
Quand l'Enfer enchanté berçait dans le mensonge,
Pour assurer ses plans, Loriquet-l'Imposteur.
Et que faire ? « Aide-toi, dit un proverbe sage,
« Et le Ciel t'aidera. » Quelques hommes de cœur
De la vérité pure avaient gardé l'image.
Tant de nobles cerveaux si longtemps comprimés
Concentraient leurs efforts ; ils brisent comme un verre
La sacrilège étreinte, et les loups affamés,
Pour aiguiser leurs crocs, semblent rentrer sous terre.
Dans les flancs du métal la foudre des combats
Maîtrise quelque temps sa fureur vengeresse ;
Mais s'il faut qu'elle éclate, indomptable tigresse,
La mitraille déchire et sème le trépas,
Boit le sang, bondit, hurle, affreuse de carnage.
Lorsque l'Océan meut la masse de ses eaux,
Ainsi la vapeur monte, ainsi crève l'orage,
Mais pour rendre la pluie à nos riants coteaux.
Qui donc le veut ainsi ? Qui rejette au cahos
L'élément révolté qui semble à la nature
Jeter en blasphémant un insolent défi ?
Qui ? Mais l'Être incompris qui s'est toujours suffi,
Mais ce Tout incréé que tout être murmure,
Mais le Dieu d'Epictète à jamais inconnu,
Ce lien éternel des inconstants atomes
Qui fait que le rocher montre son crâne nu,
Que l'eau coule à la mer, et qu'au siècle où nous sommes,
Ainsi qu'en un creuset, tout s'élabore enfin,
S'épure, s'analyse et reprend le chemin
Où le poussent les lois qui règlent l'existence :
Scorie abjecte, immonde et propre au dépotoir,
Ou métal précieux décuplant notre avoir.

D'un monde sain fuyez, secte de pestilence.
Quoi ! vous croyez, maudits, que nous vous livrerons
Et nos bras et nos cœurs ; que vos noirs escadrons
Vont traîner leur drapeau dans notre République,
Et nous suivre toujours de leur regard oblique ?
Mais ne savons-nous pas, cyniques imposteurs,
Que vous fûtes partout autant de vers rongeurs ?
Il vous faut essuyer vos poignards régicides,
Effacer de vos fronts trop de taches livides,
Pour paraître au banquet de la Fraternité.
Ne vous a-t-on pas vus, fous de rapacité,
Braver toutes les lois de l'humaine justice,
Echapper en Protée (1) aux mains de la police,
Epier d'un œil sec le râle des mourants,
Baser sur leurs remords des calculs écœurants,
Suborner sans pudeur la veuve et l'orpheline,
Et couvrir d'un *Amen* votre ignoble rapine ;
Envahir le commerce et, fins banqueroutiers,
Après le déficit être encore héritiers,
Arrondir vos états, engraisser vos finances,
Electriser la Bourse, en manœuvrer les chances,
De la sombre discorde exciter les serpents
Pour mieux de leurs anneaux nous étreindre les flancs ?
Vous êtes sans patrie, et la rage insensée
Qu'on vous souffle d'ailleurs ne s'est jamais lassée ;
Et vous osez, riant à l'horizon vermeil,
Prétendre, comme égaux, votre place au soleil ;
Vous asseoir au foyer ; à votre discipline
Enchaîner le Droit même, aussi la Médecine ;
Couler tous nos enfants dans ce moule infernal
Qui déforme si bien l'esprit national ;

(1) **Protée**, dieu de la Fable, changeant de forme pour se rendre insaisissable.

Empoisonner nos jours; endoctriner nos filles,
Qui viendront avec vous mettre à dos nos familles!
Quand à sa rude tâche il faillit succomber,
Le pays trop longtemps vous a vus l'absorber,
De tous ses ennemis implorer l'alliance,
Nous disputer en loups les emplois, la puissance,
Et pousser à l'assaut de tous nos droits sacrés
La fauve légion des Chouans désœuvrés,
Les d'Orléans à gauche, en double ligne oblique,
A droite, des Truands la bande famélique.
Il vous faut notre France en pâture!... Sortez,
Mettez fin au dégoût qu'ici vous excitez.
Dieu le veut; fuyez, peste! Et c'est vous, race infâme,
Qui menacez! Hiboux, vous excitez la flamme
Qui vous brûle les yeux!

    Tel devant le colon
Prend peur et disparaît le fauve épouvantable.
En vain, d'une voix fausse autant que lamentable,
Vous nous braillez les mots de persécution;
En vain vous vous traînez sur les degrés des trônes,
Et léchez en rampant les pieds des potentats;
Au banquet de la vie accroupis en pachas,
En vain vous nous jetez le sarcasme en vos prônes;
En vain avec fureur, comme chiens enragés,
Dans les chairs du bon peuple, où règne l'espérance,
Vous enfoncez vos crocs d'affreux venin chargés;
La justice éternelle enfin prend sa défense.
En vain au *Crescite, multiplicamini* (1),
Verrats, vous grognez tous : « Sodome, Germiny (2) »;

(1) Croissez et multipliez. — *Bible,* 1er chap. de la Genèse, v. 22.

(2) Deux mots maintenant synonymes, et dont le moderne n'est pas
moins honteusement célèbre que l'ancien.

En vain vous polluez et l'autel et l'école ;
En vain, vils captateurs, vous extorquez tant d'or
Au profit de votre œuvre et criminelle et folle ;
En vain, scandale affreux ! maints tribunaux encor,
Soulevant nos dégoûts, gardent comme la trace
Du passage visqueux d'une immonde limace ;
En vain, au nom du Ciel, Simoniens (1) éhontés,
Vous vendez à prix d'or vos bénédicités ;
En vain, mentant au Christ dont l'âme était si pure,
Molinistes (2) parfaits, vous vivez d'imposture,
Et chatouillez le vice en bredouillant : Vertu ;
En vain, fils d'Escobar (3), sur l'autel biscornu
De la crédulité, vous forgez des miracles
Pour vous faire un comptoir de vos saints tabernacles ;
En vain vous prétendez aux bras du travailleur,
Parasites hideux, sucer sang et sueur ;
En vain on vous verrait, acharnés et sans trêve,
De vos deniers impurs alimenter la grève
Et la pousser au crime ; et ce pauvre Chambord,
En vain vous le bernez de tribord à bâbord
Dans sa vieille guenille ; en vain la Caisse-Noire
Dans l'ombre a ramassé de quoi payer à boire
A vos bandits demain ; en vain, conspirateurs,
Vous bavez dans la presse et hurlez vos clameurs ;
En vain dans vos congrès, vos cercles catholiques,
Vos universités, vos tripots, vos boutiques,
— Où Mars, qui s'avilit à traiter les frocards,
Leur sert dans un crachoir sa graine d'épinards, —
Jurant à la raison une haine profonde,

(1) Ceux qui font trafic des choses saintes, ainsi nommés de Simon
le Magicien.

(2 et 3). Molina et Escobar, deux jésuites à qui l'on reprochait leur
morale relâchée. — Voir la 5ᵉ et la 6ᵉ des *Provinciales* de Pascal.

Vous faussez la science, à vos plans ténébreux
Voulez la ravaler, et livrer même aux cieux
Un combat de géants; sur l'Océan du monde
En vain vous avez fait le flux et le reflux,
Au grand parti du bien folle est la résistance;
Vous, le mal incarné, partez, purgez la France :
Le privilège est mort, vous n'êtes déjà plus.

Paris, le 29 Juin 1880.

Vous sifflez, noirs serpents ! vous emmêlez dans l'ombre
Le perfide écheveau d'une trame plus sombre !
Rien ne vous sert d'user de la peau du renard ;
Nous sommes le lion qui sent le traquenard.
On vous laisse, je sais, jeter en étalage
Quelques pâles jongleurs pour masquer votre ouvrage.
Insensés ! vous croyez nous donner pour parrains
Ces décloîtrés gateux qui pèchent par les reins !
De tous vos devanciers évoquez l'imposture,
Broyez tous vos poisons, saturez-vous d'ordure,
Rappelez Ravaillac avec Torquemada ;
Quand vous auriez un Guise, un *Philippe-Armada*
Pour commander en maître à cette ignoble clique
Qu'étreint le cauchemar en temps de République,
Lazaroni, forbans embusqués sur nos pas,
Où le peuple a dit *non* vous ne resterez pas.
Voulez-vous, malheureux, que, transporté de rage,
Le vieux lion rugisse et retourne au carnage?
Dans le sang vous écrase? et qu'ivre de fureur,
Il reprenne à nouveau ce drame plein d'horreur
Dont, en quatre-vingt-treize, il signa la préface?...
Le peuple veut, suffit; vous viderez la place.

Le 30 Août 1880.

D'ESTOC.

Châlons, Typ. Le Roy. — 5228